감이 익어가는 시간

전소빈 시집

감이 익어가는 시간

동행

전소빈 시인

■ 시인의 말

땀을 흘리면 에어컨이 있었고
흰구름이 떠돌면
청도가 익어갔다

포플라 큰 잎 낙엽으로 떠돌면
아! 가을인가
새벽 청소부 손이 바빴다

소복히 흰 눈 쌓이는 밤
허연머리 님 둘이서
좋은 시절 다 가버렸네

우리 생 이만큼 큰 강 건느며 살았으면
잘 살아왔지
후회하지 말세

뒤돌아 보는 인생이라는

사계절의 순수시대를 얘기하는 것입니다

나의 사계절
다시 돌아올 수 있다면
다시 푸르러질 수 있다면
오월 순백의 모란으로 피어나고 싶습니다

2024년 초겨울에
전소빈

■ 차례

■ 시인의 말

1부

버스 타고 싶다	15
간장 담그는 날	16
뚝배기, 국밥 한 그릇	17
어서 오너라	19
라일락 꽃 피는 뜰	20
수덕사 다녀오는 길	21
민들레 꽃씨 날아가네	22
달아나려고 하십니까	23
혼자 하는 걱정	24
삼월 그리고 시월	25
초승달	26
찔레꽃 피는 밤	27
김영모 빵집 유머러스	28
셈본은 알아도 수학은 모릅니다	29
그늘	31
배반의 장미 밤에 피다	32

2부

목련 마중　　　　　35

봉숭아꽃, 손톱　　　36

달맞이꽃 이야기　　38

청실홍실 인연　　　39

포구에서 물새 한 마리　40

산악자전거 타기 아닙니다　41

너그집, 나그집, 조가비집　42

나만의 골목길　　　43

친구가 이사를 간답니다　44

배 떠나는 사연　　　46

산중 나그네　　　　47

소매 끝동 빗방울이　48

아무도 없네　　　　49

세월　　　　　　　　50

아버지 노래 어머니 말씀　51

와인 익어가는 계절　52

우산 빌려드릴까요　53

3부

감이 익어가는 시간　　57

언어의 변천사　　58

꿈길 따라　　59

상처, 열 손가락　　61

나뭇잎 엽서　　62

바람의 늪, 부부의 섬에서　　63

시월의 어느 날　　65

밤에만 후박나무 잎 지다　　67

그 계절이 오면　　68

당신의 밥상　　69

간이역, 지금은　　70

오동나무 달빛 등에 지고　　72

인생 이야기　　73

노을이 전해주는 이야기　　74

백로　　75

사랑이 지나가고 있어요　　76

상처　　77

홍시　　78

4부

할미꽃	81
막차를 기다리는 사람	83
바람에게 건네는 말	84
나눔과 무게	85
어디로 가나, 기러기	86
얼음을 깨는 손	87
함박눈	89
묵은지가 곰삭아가네	90
등불 켜는 무렵	91
꿈 사러 갑니다	92
네팔, 그곳에는	93
겨울 풀꽃	94
까치 까치 설날은	95
내려오는 길	96
가을 겨울은 가고	98
따라가는 길	99
부르는 소리	100
명부전	101
마지막이라는 말	103

5부

쪽파 거듭나기　　107
너를 볼 수만 있다면　　108
비가 바람을 말한다　　109
골목길 다락방　　110
서책방에 불 꺼지다　　112
푸른 시간 어디에 쓸까요　　114
그립다 하여　　115
젖어가는 생각　　116
바쁜 이 시간에　　117
아지랑이　　118
산사의 일주문　　119
공중 전화 박스　　120
빨간 우체통　　121
Musical 교향곡　　123

■ 작품해설 | 송기한　　124

1부

버스 타고 싶다

바람 부는 대로
빌딩 숲 사이 바람길 따라
낡은 긴 의자 동행하는 사람들
문이 열리고
버스를 타는 젊음이 꾸역꾸역

내일의 길 열리지 않아도
나도 그곳에 가고 싶다

고향길 가듯이
예전에 그랬듯이

창 앞 그리운 여인 먼 시선
회색빛 하늘
잃어가는 자화상
다시 버스를 타고 싶다
종점에서

간장 담그는 날

소금꽃 곱게 핀 달항아리
미련한 메주가 풍당!

콩 한 알 푸른 속잎
피워내지 못하고
검어가는 민낯 어리석어

매화꽃 가지에 걸린 낮달이
노스님이듯 빙긋 웃으시네

뚝배기, 국밥 한 그릇

나와 사랑하고 싶은
허허로운 봄날

무청 시래기에 얹어가는
자배기 위
둥그런 파전만큼 아무렇지도 않은 얘기
한 젓가락질 탁배기 한 사발

아무 말씀에나
소탈하게 웃으시던

흠 잡히지 않을 것 같아
마음 상처 덧나지 않고 아물어져 가며

시공 너머
잃어버린 편린

간직하고 싶은
생의 나부끼는 깃발입니다

어서 오너라

소매 끝동 시려워
늦은 매화 울음 삼키는
마른 가지에
아기 새 내려 앉는구나
자박자박
깃털이 젖었구나
어서 된장국에 밥 말아라

오늘 떠나느냐?
찻잔에 담기는 눈 그늘

막내야 다시
좀 도리 한 줌씩 담아가는
작은 항아리 씻어 놓아야겠구나
솜 이브자리도 햇볕에 걸어 두어야겠구나

라일락 꽃 피는 뜰

어머니 내음
댓돌에 올라서면
아슴히 눈물 나고나

아침 호수 안개 피어나듯
라일락 꽃향기

가지가지 꽃가지에
어머니 조롱조롱

수덕사 다녀오는 길

벚꽃 피었나
감감 무소식이다
고사리는 아직 산골짜기에서
산풀 베고 잠들었드라

햇살 궁금하였던가
초록 취나물 겨우 갸웃갸웃
절물에 데쳐 된장에 무치니

어제 저녁 밥상
수덕사이어라

민들레 꽃씨 날아가네

그대 안부 물어오신다면
노란 꽃잎 접어 편지를 쓰겠습니다

프레지아 향 내음 한 공기 퍼 담고
허기 채우는 식탁 위에서
하얀 종이 한 장 깔아 놓고
그대 위한 식탁을 차리겠습니다

너와 나 나비 되어
만날 수 있다면 그동안 그대
서러운 이야기 들어도 좋겠습니다

달아나려고 하십니까?

이런 저런 날
더듬더듬
애벌레 한 마리
텅 빈 껍데기 나뭇가지에 걸어두고
바람 따라 길 나섭니다

별것 없더라
인생 놀이터 돌밭 같아도
밥 한 그릇에 담겨 여기 저기
걸어온 세월

언젠가 석양마저 지고 나면
잘 살다가노라
거센 파도 높고 높아도
항해사는 여전히 바다를 향해
돛을 올리겠지요

혼자 하는 걱정

개구리가 떼 지어 울면
나라 송사가 많아지고

여름날 매미가 시끄럽게 울면
낮잠이 편치 않고

가무가 흥청망청거리면
나라 곳간이 빈다고 하던데

가난은 나랏님도 구제 못 한다는
옛 말씀

삼월 그리고 시월

너는 벚나무
나는 벚꽃

아무리 붙들어도
발밑 진붉은 열매

어질어질

속앓이하는 숲의 정령

초승달

조을려 실눈 뜨는 밤

초승달 지는 것 보지 못하네

풀잎 이슬 모아

함박꽃 쓸어담네

하얀 박꽃 피어나네

저만큼에서

찔레꽃 피는 밤

저기 봐, 별들이

별빛 따라 두 마음이 가네

슬픈 사랑 아니길

맑간 이슬 향기로 기도하네

별밤 즈려 밟는

하얀 당신

찔레꽃 보듬어 받드네

김영모 빵집 유머러스
-빵집 누각에 앉아

한나절 구름 한 뜸
바람 한 조각

파리똥 열매 빨개지니
옛 고향 생각 새록새록
조그마한 객이었더니,
한 웅큼 손에 쥐고

경비원, 감옥소에 들어간다고?
예?

이 늙은이 그곳에서 파리똥만
달라고 하면 어떻게 할라고?

중늙은이 파리바겥
휘도록 웃는다

셈본은 알아도 수학은 모릅니다

옛날 옛적 할머니
반굉일 온굉일
국민핵교 하시던 시절

아버지는 갓입학 한 딸에게
셈본을 가르쳐 주셨습니다

하나 더하기 둘은?
다섯에서 둘 빼기는?
가갸 거겨 고교 구기 개구리 합창

외우며 살아오는 동안
수학은 모두 잊어버렸습니다

셈본 속에 담긴 인생을
예전엔 미처 몰랐습니다

하늘, 땅 가릴 줄 아는
이 나이가 되어서야 기억할
삶도 있다는 것을

그늘

햇볕 지나간 자리

몰래 훔쳐보는 그늘

낯빛 흙빛이어라

어린 홍조 어디에 두고

아!

저 산 그림자 잠에 드네

배반의 장미 밤에 피다

붉은 와인

허전하여

허전 물을 마신다

2부

목련 마중

오소서
여린 손기도

그대 오시려나
달빛 등불로 발밑 밝혀두고
사립문 열어둔다
시린 두 눈으로
순결한 꽃 보게 하소서

꽃샘 시새움으로
날려가는 꽃잎
짧은 생애 슬퍼하지 않도록
물망초 노래 부르게 하소서

봉숭아꽃, 손톱

나팔꽃 손가락으로 감아가는
울타리 안
아버지 홀로 서 계시다

봄, 파란 다복솔 언덕 위 삐비꽃
입에 무는 계절이면
새끼 달팽이 어슬렁거리는 텃밭 곁
앵두 따 주시려고
오늘도 자식들 기다리고 계실까요

낡아 희끄무레한 별과 달
소쿠리에 담아 이고 달리느라
강나루길 가는 길 잊어버렸네요

아버지, 부르는 것만으로도 눈물이 흐를 것 같은
눈비 내려 슬퍼지는 날이면
남쪽으로 달리는 버스를 탑니다

자운영꽃 물드는
낮달 조각구름이 뜰에 머무는
유년의 집

"어서 오너라"

달맞이꽃 이야기

풀벌레 달빛으로 익어간다
애벌레 칭얼거리며 옷 벗는 소리

이슬 감싸 안고
잠들고 싶은 달맞이 밤

저만큼 하늘 호수에 풍당
그리움 던져두고
달빛 별빛으로 물들기 전
어서어서

청실홍실 인연

내 젊음 헝클어질까

붉은 실 푸른 실꾸리 베틀에
걸어놓고
씨줄 날줄 북춤으로
인생을 짜깁기하네

한 땀 두 땀
봉황이 원앙 감싸 안은
한 쌍의 베개모 수를 놓듯
백학 무리 그려놓고
백 년 해로 귀밑머리 하얗게

포구에서 물새 한 마리

어이 어이
부르는 소리 있어
물수렁에 풍덩!

나룻배 한 척 세월을 낚고
여름 가고 겨울 길목에서
배부른 물고기 강물 속에 목 담그며

사공 노랫가락 흥겨워
물새 깃치는 소리
갈대 얼굴 부비네

산악자전거 타기 아닙니다

자전거가 비틀거립니다
바퀴바람 빠져나가는 자전거를 타고
산 위를 오릅니다

내려올 때를 생각하지 않습니다
올라갈 수 있으니
내려갈 길도 있겠지요

눈보라 썰매에 낡은 몸 싣고
구불구불 아스라이 산길
내려오면 되니까요

고장은 났지만
아직 자전거가 있습니다

비틀비틀 나의 삶도 가끔씩은
그러합니다

너그집, 나그집, 조가비집

뱃노래 한 소절 청푸른 하늘
촐랑촐랑 파도 일곱 숟가락 담아가는
조가비 마을

장산곶 심해 가시고기
물심청이 궁궐 모래톱 너그집

모래 묻은 발 정한수로 씻기우면
여덟 팔로 안아주는 문어네집

그대가 문득 그리운 날
너그집 찾아가 볼까나

나만의 골목길

붉은 황토 토담길 구불구불

어깨 부딪히며 가는 길

검정 고무신 신고 가던 길

건너 환한 달밤

조약돌 사금파리 반짝이는데

지붕 위 박꽃

막내 이모가 피어 있네

친구가 이사를 간답니다

돌쩌귀 하나 빼어들고 이사를 간다네요
닮지 않은 듯 닮은 친구가
귀밑머리 하얗게 날리고
얼굴 주름 기러기로 서성이는데

티격태격 뜻 없는 수다 떨다가
덩그머니 생 울타리 너머로 기우는 노을길
보내지 않아도 구불구불 돌아서 가는
언젠가 찬란한 빛이었던 우리
할미꽃 되었네

산 언덕배기 산감 열매 붉게 익어가고
산 그림자 지는 날 우리는 생각해요

지란지교를 꿈꾸며 오우가를 부르는
갈래머리 친구들

별들의 고향, 새로운 집은 천천히 짓기로 해요
온가족 모두 건강하시기를 기도합니다

배 떠나는 사연

흰 파도 모래톱
작은 쪽배에 한 마리 돌고래 싣고
파란 섬으로 떠나요

다시 돌아올 수 있을까
마음 궁금합니다

혹여
우리 흔적 하나 남길 수 있다면
모래톱 드나드는 파도가
섬 소식 전해줄까요?

산중 나그네

떠나실까

손 놓으실까

길 없는 길에서

나는 산노을 막아서는

떠돌이 바람

잊어버렸던

너를 찾아가는

소매 끝동 빗방울이

겨울이 오고서야

마음 열고 닫는 창문 하나

매달아 놓았습니다

진즉에 그랬더라면

바깥 세상 더 따뜻했을 텐데
미안합니다
나여!

아무도 없네

후지산 뒷그림자

호수 위 달빛이 감추니

내 아끼는 호롱불

띄워 보내 드리리이까

세월

울 엄마 보라 꽃무늬 유똥 치마

슬쩍 휘감아 여미는 치맛자락

흰버선 가만가만

세월을 밟으시네

아버지 노래 어머니 말씀

못다 부른 옛노래 끝소절

제가 이어 부릅니다

수채구멍에다

뜨거운 물 함부로 붓지 말아라

와인 익어가는 계절

건너편 포도밭
긴 하루 햇빛 등에 업고가는 포도주
달빛 낼롱거리고
청보랏빛 취기 올라 샛별들
서쪽 가는 길 잊었는가
하늘 꽃밭 꽃들 고운 밤이라고
붉은 포도 송이 알알이
얼굴 붉히네

우산 빌려드릴까요

맨발로 철벅거려본다
늦은 저녁에 맞는 빗물

주룩주룩 내리치니
레인 코트 다 젖어도
정겨운 그 소리

젖어서 더 아름다운
비오는 날의 초상화

3부

감이 익어가는 시간

먹을 수 있다고 다 먹지 않겠습니다
캘 수 있다고 다 캐내지 않겠습니다

감 익는 마을 지나며
떠오른다고 다 추억은 아니듯이
그대라고 내가 다 품을 수 없음을 알았습니다

비우고 내려놓고
새로 돋는 별들도 놓아 보내며
가을 벌판을 태우는 꽃불처럼
타오르다 타오르다 산화하는
노을꽃으로 피어나고 싶습니다

이 가을에

언어의 변천사

사랑해, 오월 신부의 웨딩드레스가 백장미
아빠, 아기 손가락 열 개 줬다 폈다
아버지, 존경해요 그리움 부름

엄마 ……

아범아 고맙구나
며늘아 고생하는구나
할아버지, 손자 사랑, 사랑해요
할머니, 손자 자랑 이쁜 새끼 내 똥강아지

영감, 할멈 내 친구 맞지
그럼요
바늘 실로 늙어가는

싸움닭 내 친구

꿈길 따라

누우런 …… 꿈 … 꿈이지 아마
생시? 아닐 거야
네 말이 틀리고 내 말이 맞아

참, 거짓 분별 못하는 어린 동무들과 함께
빗속을 달리는 세상 밖 꿈길에서

자네, 요즘 창문 틈 사이 밤바람 뒤척거리는
단순한 천 한 조각이 온밤 휘젓는

현자의 옳은 말씀 밀쳐내고
내가 읊은 시 한 편에
잠들지 않을 거야

담장 위 오수에 빠진 아롱이 다롱이
기어 흐르는 강물 꿈길에서

네가 보는 그곳 사계절은 어떨까
마지막 다리 쉬임 할 수 있는
언덕배기 위 나의 무덤 집도 보았느냐
낮은 베개에 꿈들이 와그르르

상처, 열손가락

열 손가락 깨물어 보아라
잎 푸른 오동나무처럼 잘 자라준
나무등걸, 오동꽃이 참 예뻤지
귀갓길 발자국 기다리는 촛불 같던
자슥들아,

긴 청바지 빨지 않아도
아침 와이셔츠 다리미질하지 않아도 좋은 날
몸 안의 자슥 떠나보내던 날
남 몰래 눈물짓던 어미 마음을

너희 자식들 키워 보아라
금쪽이 열손가락들아
내 아픈 눈물들아

나뭇잎 엽서

앙상한 어깨뼈 부비는 숲길
얼굴 붉히는 내 사랑아

찬비로 젖어가는 강가에서
슬픔이듯 서그럭대는
갈대

기다리는 마음
목 놓아 다시 부르는
내 어린 아이야

바람의 늪, 부부의 섬에서

너를 혼자 보낼 수 있을까
바람의 늪에서 생각한다

혼자서 떠날 수 없다는 것을 알면서
가시바람으로 살갗을 찢어내고

겨울날
여윈 나목 가지 위에 앉아
기다려야 할 사람

다정히 두 손 마주하고 가 보지 못한
알 수 없는 이상한 나라

달구경하듯
언젠가는 떠나야 할 사람아

그대 옆에 있어도
그리운 사람아

시월의 어느 날

햇살 갸웃한 날
그렁그렁 석류알
함께 헤아려 봐요
붉어오는 눈시울

가슴 찬한 너의 향기가
창공 속으로 둥실 흘러가는구나

내일이면 이별해야 하는
사랑하는 사람들
스스로 삭히며 석류알만 땄던
가을날의 쓸쓸한 잔영이

석류 낯 붉혀가는 오후
늙은 무화과 청열매
강아지가 입속에 쏙

게눈 감추는 예쁜 날
내년 그 열매 다시 줍자구나

밤에만 후박나무 잎 지다

가을비 가슴으로 듣는
그리워서 젖어보고 싶은 빗소리
후박나무 큰 잎들이 진다

창밖으로 보던 늦은
보라 앉은뱅이꽃 괜찮을까
물감 칠하지 않아도 제 빛으로 깊어지는 밤

누군가 버린
초록 우산 뒹굴어가네

첫눈물 씻어내리는 빗물
주인 잃은 구두 한 짝
진흙 묻은 밤을 문지르고 있네

그 계절이 오면

엄마……

안개가 부르는 소리

가슴에 묻어버린

가늘은 꽃잎

이제는 동그라미를 그리지 못합니다

마음 눈 속에 맴도는

눈, 코, 입 위에

찬 눈물방울이 떨어질까봐

이젠 울지 않습니다

당신의 밥상

어젯밤 잃어버린 끼니를 위해
추수 끝난 빈 들판에서 이삭을 줍습니다
쌀겨 벗겨 함성 지르는
배고픈 위장을 채웁니다

찬란한 아침 흰 쌀밥으로 차린 밥상에
수수한 세월을 올려놓고
파도 속 유영하는 물고기도 넓죽하게
나의 손맛도 올리고

두 손 모아 당신의 밥상을 차립니다
오래도록 이 밥상 차리고 싶습니다

간이역, 지금은

지금쯤 머리카락 날리듯
살사리꽃, 물풀 건들거리고 있겠지
깊은 밤 바람길 따라
푸른 별자리 얼어가면
밤기적소리 뚜~우 아슴하다

어린 소녀는 보던 책 덮어놓고
호롱불 심지 줄이며
이불 당겨 돌아 누웠지
탱자꽃 가시도 얼어가고 있을 거야

작은 역사 좁은 문으로 삶이 꾸역꾸역
오르내리고 애환과 환희를 퍼내고 담아가고
나의 유년의 꿈도 와글와글

고향역, 오늘도 빨간 깃발 든 역무원이
두팔 활짝 올리고
출발 신호를 보내고 있을까
구불구불 평행선 위에서

오동나무 달빛 등에 지고

좋을레라

새벽 여닫는 발자욱 눈 비비는

소쩍새 새끼 찾는 소리

오동나무

오동오동 서까래 얹을라네

달이 지고 나면 등 굽은 노새가 운다네

저 산 먼 산 너머에서 운다네

허리 굽어 운다네

고단하여 운다네

인생 이야기

지나온 세월 끌어안고
애달피 붉어지는 루비

누구를 위하여
붉어지나

음력 칠월 뒷뜰 밝히는가
내 슬픈 신부여

노을이 전해주는 이야기

먼 안부 묻고

그만 돌아섭니다

붉은 눈시울 초록 인형

오늘은 노을빛도

초록으로 저물어 갑니다

전해오는 먼 나라 이야기

백로

누구일까

긴 다리

멀어져 가는 뒷모습

머리카락 날리는 긴 모가지

가을 무논이 그렁하다

사랑이 지나가고 있어요

그립습니다

강한 척하여도

어깨 감싸 안아주는 사람

눈썹 내리감고

그대

발등만 보아요

상처

깊은 밤, 그대는 외출 중입니다

상처에 줄줄이 줄을 달고

야간 병원 응급실에서

기도하는 밤

속 깊은 우리 옛정

다시 만날 수 있을까요

홍시

늙은 감나무, 감이라서
홍시도 아닌데
까치들이 들락날락
가족 떼창

아이들은 까치 탓 하지만
괜찮아

내년에도 감꽃이 많이 필거고
우리는 청도 홍시 바구니 채 살 수 있으니까요

까치들은 상점을 모르니,
사서 먹을 줄 모를 거야

4부

할미꽃

산 소리 보듬은 자드락길
까치 발자국 살풋

함박눈 내려내려
먼 산 이야기로 밤을 새우네

할머니 등 굽어 못오시나
새하얀 버선발 눈꽃 즈려밟는 소리
생의 찔레 가시 박혀 아프신가요

뒤돌아보지 마소
푸른 여름 좋아
가을볕 그을린 이별 지워내도
가슴은 엉겅퀴 가시밭길

서리 지친 그리운 별밤

가슴에 묻고 잊으라 손사래치는
해거름녘 할미 할미꽃

자색 향기 눈에 덮여도
겨울꽃 화관
귀밑으로 흘러 내리네
벌써 가랑잎 베고 눕는 산기슭에 서 있네

막차를 기다리는 사람

모두 가 버렸어
잇꽃빛 아련한 가로등
외발바람 때문
실뼈 갈색 손등으로
자꾸 헝크러진 머리칼 매만진다

기억 속에서 기다리는 사람
막차는 오겠지
텅 빈 정류장
내 안의 울음 같은 것

노을빛 사슴꼬리 만큼인데
서쪽 끝 푸른 멍자욱
서리꽃만 날려 가네

바람에게 건네는 말

바람꽃, 푸른 대지
삼베 치마 두르고 따라나서도
동행할 수 없는 곳

하늘 연못 실꾸리 풀어도 닿지 못하는
둥이 바람둥이 은핫길
떠도는 죄 가볍지 않은데
떠도는 것도 죄인가
슬픈 그리움 내려 놓고

네 쉬어갈 바람길
마지막 하늘 여정을
구름에게나 물어볼 수밖에

나눔과 무게

감춰둔 마음 그릇에
밥 한 사발 퍼담아 들고 거리를 나섰네

늦가을 홍시 내음 이산 저산
산까치 씨만 남기고
들국화 한들거리네

한 줌 푸른 파도 이랑이랑
파랑치는
생선 비늘 한 동이 퍼 담는 포구
까치 한 마리
어린 물새에게 이삭을 나른다

무게보다 나눔이
꽃 피는 시절

어디로 가나, 기러기

북쪽 하늘 바람소리
기러기 떼 줄지어 가네
아비 등에 엎혀가는 새끼
푸른 깃 시려하네

검은 끝 노을 얼어가는데
흰 눈 쌓이면 어디서 잠드나

누비저고리 한 벌 입혀 보낼 걸
발자국도 떼지 못한 아가
너의 시계는 수십 년을 멈춰서 있구나
마르지 않는 내 눈도
그렁그렁

얼음을 깨는 손

동지섣달
쩡! 쩡!
얼음 유리벽 내 마음 두들기는 소리
밤하늘 별 헤듯
수천 가지 음식으로
그대의 밥상을 차렸으니
고단한 한 생 외길이었구나

잘릴 뻔한 새끼손가락
칼질의 깊은 상처
인고의 세월이 미안하구나
푸른 밤 가끔 눈물 방울
마음 젖었었지

쭉정이 손가락 깍지 끼우면
늦가을 고운 들꽃 꺾어

꽃다발 손에 들려주는 날
기다려도 될까요?

함박눈

흰달빛 먼 홍두깨 올리는 소리
밤 손님 명주바지 스치는 소리
하얀 무명치마 사그락 사그락
밤을 가르네

흰눈이 내리면
토방에 벗어놓은 고무신 젖어들고
강아지 에미 품 찾아드는 소리
잠결로 듣는다

내일 아침
목화꽃 만발한 밭둑에
강아지 발자욱 낙화로
자욱자욱

맨발의 두부 장수
딸랑딸랑 새벽길 만드네

묵은지가 곰삭아 가네

오랜만이네 이 사람아
어떻게 지냈는가

철들어 생의 눈비 많이 맞으니
고목 텅 빈 구멍 속도 단단할 듯하네

여보게 자네가 보고싶네
겨울밤 군불 같은 사람아

수심 깊은 날 어깨 토닥여 주던
곰삭은 묵은지 같은 사람아

보고싶네 어디 계시는가
오늘은 탁주라도 한 잔 하고싶네
세상 이야기도 좋으네

등불 켜는 무렵

마음 초라하여
수척해 갑니다
살얼음 깔려가는 새벽길
마음은 이미 거리를 걷고 있습니다

한 잔의 녹차 같은 따뜻한 사람을 찾아서
등불 켜는 무렵
뭇 별들이 벌판에 내려앉는 밤이면
전화기 손에 들고
낮에 못다한 말씀드립니다

고맙습니다
사랑합니다
미안합니다

꿈 사러 갑니다

어디로 갈까요?

네팔, 그곳에는

향긋한 먹물
촛불이듯

산붓 한 자루
휘갈겨
한 폭의 수묵화 그리고 싶다

설봉 뒷그림자에 어리는
희미한 달빛

흰 깃치는 백학
훨훨
눈산에 안기는

누추한 인간의 발자국
허락하지 마소서

겨울 풀꽃

노루꼬리 햇살 저녁나절
쪼그마한 화분 하나 풀꽃
파아랗게 생명을 붙들고 있다

물 한 모금으로 죽기 살기
겨울을 견디는 가녀린 모성

차마 냉바람 몰아치는 바깥 세상으로
내칠 수 없어
물 한 바가지 퍼부어주고
햇살 창가로 밀어둔다

나를 가르치네
봄꽃 피워올린 꽃가지가
이 아침 나의 스승이네

까치 까치 설날은

홍두깨 올린 명주 설빔 차려입고
제 설인 양 이 가지 저 가지 날며
손님을 맞이하네

아버지 세배 드립니다
떡국은 잡수셨습니까
약주 한 잔 올려드릴까요

무릎 걸음으로 다가가
손도 잡아드리고 싶습니다
이러한 날 어른 아이가 되어
웁니다

귀밑머리 하얗게 날리는
바람에 업혀가는 세월을 탓합니다
아버지, 보고싶습니다

내려오는 길

무딘 발걸음 꾹꾹 눌러 밟고
그대 자취 찾아 내 어린 성산을 오른다

고된 돌멩이만 뒹굴어
고달픈 생애 내려갈까
불면의 밤 보내고 아침이 오누나

오른 산 내려다보니 하산의 길
어둠 눈 첩첩이다

아득아득 살아온 아픔, 보람이
송굿송굿한 한이라고 하지만
높이 나는 새 구슬픈 울음소리 들린다
누구에게나 고단함이 있겠지

아서라

묻힐 땅 한 평 알아보는 것도 좋겠다
작은 영원의 집 한 칸에도
내일의 태양도 달빛도 쉬어가면 좋으리

가을 겨울은 가고

옛 벗 오겠노라 말하고 돌아오지 않으니

슬퍼하는 계절

황국화 피어났는데

나의 가을은 없어라

따라가는 길

숲, 상수리나무, 나무

여든다섯 바람 가지

휘젓 휘젓

잔 진달래꽃 여든 송이

하르르 하르르

여보, 손잡고 가세

가만히 만져 보는 바람의 손

산바람 싱긋

산새 한 마리

날갯짓 아슬하다

쉬었다 가세

부르는 소리

뉘실까

뒤 돌아 보니
빈 조가비

입술 들썩거리는
잔물결 뿐이네

스쳐가는 물바람 소리

물새 소리뿐이네

명부전

부처님 앞에서는
인간의 넋만이 아니라
짐승의 넋도 빌 수 있다기에
법당 앞에 엎드립니다

말 못하는 짐승들 가여워
가슴에 맺혀서, 쫓기지 말고
넋이라도 편안하게 밥 먹고
잠들라고,

법고 치고 고깔모 쓰고 승무라도 춰주면
쫓기는 영혼 위로가 될까요
둥그런 갈색 눈들이 가시로 남아서
늘 시선은 너희들 자리에

미련한 중생들 때문에

부처님도 늘 마음 아프시겠지요
부처가 산중에만 있는 것이 아니라
인간 세계 가슴에 있다는 것을
알고 있습니다

마지막이라는 말

돌아선다
뒤에서도 보이는 그대 글썽이는 두 눈

지킬 수 없는 언약
다시 부를 수 없는 이름을 눈물처럼
불러본다

5부

쪽파 거듭나기

누런 이파리
차거운 모래 땅에
허여스런 얼굴로
입 앙다물어 오만으로 가득하구나

누가 이걸 먹는다고
헤쳐 뿌리 들춰보니
하얗게 잔뿌리 향긋하여라
어느 누구의 저녁 숟가락에 얹혀질려고
비명도 없이 땅의 순결을 지키고 있느냐

바람 세차지니
흙 한 삽 떠 네 발등에 덮어주랴
눈구름 떠돌다 오면
햇빛 가득 안아나 보렴

너를 볼 수만 있다면

텅 빈 날
빈 방 벽지에 문드러진
오래된 이름 하나

아무 말 하지 않아도 늘 무언으로 손짓하는
따뜻한 차 한 잔 있으면
괜찮아, 괜찮아

비가 바람을 말한다

바람을 끌어안고 풀잎이 말한다
휙 휙 휙 다 허공이라고
누구나 다 혼자서라고

키 큰 나무 가느다란 가지들
잎새들 부둥켜 안기어 운다
다 목 놓아 운다

회색 빗줄기 탓하며
눈물이 마르도록 소리쳐라
감추고 싶은 우울이 다시

수백 년 전 시공 속에서도
마른 풀 때렸을까 빗금비
저물녘 오렌지 불빛 점점이
비가 바람으로
빗줄기 사이로 달려간다

골목길 다락방

작은 창 예쁜 틈 사이
햇빛 살며시 방 안 엿보는 하늘방
작은 아이는 무릎 꺾고 잠들어 있다

꿈 칭칭 동여매고 한 바퀴 뒹굴어도
낮은 천장 허리 반쯤 구부리고 엎드린다

꿈을 감추고
불편한 위안을 먹고 싶어
목구멍에 물 한 모금 적시고 뒤척인다

소년아 골 깊은 이상이 높더라도
어서 일어나 대지를 달려라

하늘방은 조그마한 낭만과 유년의 추억이
장난감이 쌓이는 아슴아슴한 방이란다

골목길로 난 다락방은
아이가 소년으로 성장하는 진통의 방이란다

서책방에 불 꺼지다

오동나무 책장 속 섬기는 스승과
소중한 묵언의 벗들이 햇빛 속으로
죄인 아닌 죄인이 되어 폐지로 보내졌습니다

인간의 품격이 무엇인지
진실과 거짓이 어떤 것인지 가르침을 받았고
가장 슬프고 괴로웠을 때 어깨 감싸 안아주며
마음 다스리는 벗으로 밤새웠던 그대

이제는 대화하는 서책의 방에 등불은 꺼지고
삭막하여 어찌할 줄 모르는 사람이 되었습니다
침침하여 오는 눈으로 당신과의 대화가
희미하여 어긋날 것 같아 마음을 닫았습니다

용서를 비는 마음으로 당신을 보내고
등불도 꺼졌지만 잊지 않겠습니다

미안합니다 감사합니다 사랑합니다
제 살을 베어 내었습니다

푸른 시간 어디에 쓸까요

청춘이라서 너무 푸르러서
후회 없이 달려갑니다
덧니 모두 내어놓고 웃어도
참으로 아름답습니다

도전과 희망을 갈망하지만
무모하여 좌절을 모릅니다
일러주지 않아
인생을 잘 모릅니다

우리도 그러하였으니까요

그립다 하여

멀리 보내었는데

어두움이 내리어

등불 밝힐 무렵

푸른 별들이 맞잡은 하얀 손으로

닫힌 문고리를 흔드네

그대, 누구신가요?

젖어가는 생각

먼 짝귀로 듣는 발자국
짝짝이 양말 짝짝이 신발
참빗 잃어버려 머리 엉퀴는 날
물안개로 빗질할까

짝짝이 손으로
받드는 나의 수화기

바쁜 이 시간에

따르릉
친구야 뜬금없이 이 시간에
무슨 일이당가

음
그냥

아지랑이

봄날 작은 가시내
할아버지 주머니칼로
휘두르는 아지랑이 베고 싶어도

늙은 가시내 꽃동산에 앉아
아롱 아롱 춤추는 아지랑이
세월을 베지 못하니
혼자서 가는 풀 눕는 언덕길

오늘도 아지랑이 잡히지 않네요

산사의 일주문

별 초롱 달 청청

울 듯 웃을 듯

긴 그림자 석탑 뜰 밑에서

끌려가는 서녘 별자리

마지막 연꽃 마차라네

공중 전화 박스

외등 우두커니
우산 젖어들고 나의 박스 안으로
나의 손 줄 잡아끌고

귓속에다
멀리 있는 누구에게
사랑 노래 불러주네

긴 머리 치렁한 여인이
누구인지 몰라도
이별을 말하네

잘자요
마음 아퍼라
유성이 흐르는 인생의 밤이네요

빨간 우체통

오늘은 소식이 오려나
눈 내려 길 끊긴 시간
잠들지 못한 사연들
밤늦도록 기다려 서 있다

어느 곳에 있든지
안녕하다는 안부 편지
사랑한다 너무 늦은 고백일지라도
기다리는 마음은
전쟁처럼 빨갛게 꽃이 핀다
지친 내 그리움 위에

내일이라는 희망
언제가는 꼭! 이라는
요술에 내기를 걸고

빨간 우체통은

녹슨 발로 기다림의 길목을

지키고 있다 폐허처럼

Musical 교향곡

달빛 금빛으로 뱃머리 출렁 출렁
일곱 난장이 요정들
흰 장미꽃 길 이슬이 손짓하네

호수 위에서 머리 풀어 헤치네
꽃단장하고 건넌 마을
노 저어 가네

풍악 울리고
춤추고 노래하니
하늘 램프불 흔들흔들
문 잠그지 않고 요정 춤 구경에
하하하 호호호……………
꽃 만발하네
잠깐,
꿈길에 찾아온 한 편의 환상교향곡이네

■ 작품해설

공감의 너울을 만드는 감각의 힘

송기한
(문학평론가·대전대 교수)

1. 상상력을 발동시키는 언어의 힘

전소빈의 이번 시집은 다섯 번째이다. 시인은 2010년 『꿈사러 갑니다』라는 시집을 상재하면서 작품활동을 시작한 이래 『탱자꽃 하얗게 바람에 날리고』, 『비가 바람을 말한다』, 『토닥토닥』을 펴낸 바 있다. 가장 최근의 시집 『감이 익는 시간』이 2022년에 나온 『토닥토닥』이고, 이후 약 2년 만에 이번 시집을 발간하고 있는 것이다. 시에 대한 열정이 대단하다.

전소빈 시인이 추구하는 서정의 감각은 무엇보다 따스함에서 찾아진다. 이런 감각은 대부분 사람들을 향한 그리움의 정서 속에 발현되고 있거니와 시인의 시들에서 포근함이 느껴지는 것은

이 때문이라 할 수 있다. 시인은 그리움의 정서를 차곡차곡 언어 속에 심어 놓으며 서정의 밭을 일구어낸다. 하지만 언어 속에 그려진 그리움의 감각이 독자에게 다가오지 못한다면, 그것은 시인만의 소유나 경계를 벗어나지 못하는 한계를 갖게 된다. 경계 밖으로 나오지 못하는 정서가 독자의 감동을 불러일으키지 못하는 것은 당연한데, 시인은 아마도 언어 속에 혹은 자신 속에 갇히는 언어의 한계가 무엇인지 분명 이해하고 있었던 것처럼 보인다. 그래서 시인은 그러한 한계를 뛰어넘는 여러 시적 의장을 제시하게 되는데, 그 하나가 서술적 성향의 제목들이다. 물론 그의 시들 모두가 제목이 서술적으로 풀어져 있는 것은 아니다. 「할미꽃」, 「명부전」을 비롯한 일련의 작품에서 알 수 있는 것처럼, 하나의 단어로 종결되는 제목도 있기 때문이다. 하지만 대부분의 작품들은 제목이 서술적 형식을 취하고 있다. 이런 형식은 이전의 시사에서 흔히 볼 수 없었던 예외적인 국면이라는 점에서 주목을 요한다. 물론 우리 시사에서 이와 비슷한 의장을 보인 사례는 분명 존재하는데, 바로 김영랑의 경우가 그러하다. 영랑은 자신이 창작한 대부분의 시에 제목을 특별히 붙이지 않았다. 그러한 까닭에 작품의 첫 행을 따로 뽑아서 제목을 붙이는 경우가 비일비재했다. 가령, 「돌담에 속삭이는 햇발같이」의 경우가 그러한데, 이 제목은 작품의 첫행을 그대로 가져온 것이다. 그러다 보니 영랑의 시들은 대부분 제목이 서술형으로 되어 있었던 것이다.

둘째는 선문답같은 제목의 시형식이다. 예를들어 「상처, 열손가락」같은 경우의 작품이 그러하다. '상처'란 무엇이고, 또 '열손가락'은 무엇이란 말인가. 이렇게 툭 던져지는 말에 즉자적인 대응이 쉽지 않은 것이 사실이다. 통상 시의 제목은 시의 내용을 집약 제시하는 주제 역할을 한다. 여러 이미지의 확장, 혹은 은유들의 대치를 통해서 원관념이 갖고 있는 음역을 확대시키거나 시인의 사유를 여기에 편입시킴으로써 시의 의미와 폭을 만들거나 넓히곤 하는 것이다. 이런 의장은 시인의 작품에서도 그대로 드러난다.

시인은 자신이 간직하고 있던 서정의 샘으로 어떻게 하면 독자들을 인도할까 하는 고민을 끊임없이 시도했다. 그 열정의 표현이 서술적, 혹은 선문답적인 제목으로 표현되었거니와 독자들은 시인의 그러한 의도에 치명적인 유혹을 느껴왔다. 개념으로 제시된 제목으로는 독자를 매혹시키지 못한다. 제목을 따라 내용 속에 서서히 들어가야 비로소 그 의미의 파장을 느끼게 될 것이다. 하지만 서술적이거나 선문답 형식의 제목은 독자들을 대번에 작품 속에 강하게 편입시키는 마술을 부린다. 무언가 있을 듯한 달콤한 유혹이 독자로 하여금 상상력의 바다로 끌어들이기 때문이다. 그래서 시인은 독자를 시의 제목에서부터 참여시키려는 것이다. 작품의 내용이 아니라 작품을 대하는 첫 순간부터 독자의 상상력이 발동되게 만든다는 것, 그것이 전소빈 시의 매력이다.

2. 그리움을 향한 서정의 동기

전소빈 시의 전략적 주제는 온기에 물든 정서의 표백이라고 했거니와 이를 펼쳐내기 위한 의장 가운데 하나가 서술적, 혹은 선문답적으로 제목을 붙이는 시도였다. 그리고 그러한 의장을 몸

에 걸치고 나타난 것이 그리움의 정서였다. 시인은 그러한 자신의 욕망을 꿈이라는 단어로 치환하고 있는데, 다음의 시는 그러한 시인의 의도를 가장 잘 드러낸 작품이라 할 수 있다.

　어디로 갈까요?

　　　　　　　　　　　　　　　－「꿈 사러 갑니다」 전문

　제목도 서술적으로 되어 있고, 이를 묘사하는 내용도 서술적으로 되어 있다. 뿐만 아니라 시의 제목도 한 줄이거니와 내용 또한 그러하다. 이런 형식은 일찍이 우리 시사에서도 흔히 볼 수 없는 장면이다. 시인의 작품에서 드러나는 특이한 장면들이란 바로 이런 부분일 것이다.

　비록 짧은 형식이긴 하지만 시인이 이번 시집에서 추구하고자 했던 서정의 의도가 이 작품만큼 즉자적으로 드러난 경우도 없을 것이다. 서정시란 자아와 세계의 틈에서 시작되는데, 시인은 그러한 틈을 무언가를 통해 계속 메우고자 시도해왔다. 그의 완결된 형식 가운데 하나가 꿈이었다. 이를 위해 시인은 지금 어디론가 가고자 한다.

　그런데 여기서 시인이 찾고자 한 꿈이란 구체적으로 무엇인지 나타나 있지가 않다. 꿈의 일반적 의미는 이러하다. 그것은 과거에 이루지 못한 욕망일 수도 있고, 현재 자신이 추구하고자 하는 목표일 수도 있다. 뿐만 아니라 형이상학의 문제로 접근하게 되면, 존재론적 한계를 극복하기 위한, 자기 동일성을 향한 열정으로 이해할 수도 있을 것이다. 그런데 그것이 시인에게 어떤 감각으로 다가오든 중요한 것은 시인 자신에게 무엇인가를 향한 도정, 이상, 유토피아 등과 결합되어 있다는 것이고, 그것이 꿈의 형식으로 등장했다는 사실이다.

    시인의 시선은 한 곳에 머무르지 않는다. 「버스 타고 싶다」에서 자아가 어딘론가 떠나고 싶은 것도 이 때문이다. 그가 응시하는 곳은 정적인 것이 아니다. 그의 시에서 역동적 힘과 서정의 열정이 느껴지는 것은 이 때문이다. 물론 이따금씩 아름다운 색깔로 채색된, 「함박눈」이나 「간이역」과 같은 정물화라든가 풍경 묘사의 시가 있긴 하지만, 그것이 시인의 작품 세계의 본령은 아니다. 그는 사물을 새롭게 응시하고 거기서 확장되는 대상의 폭에 관심을 두고 있는 시인이 아니기 때문이다. 그의 시들이 정적이지 않고 역동적인 이유는 여기서 찾아진다.

    흰 파도 모래톱
    작은 쪽배에 한 마리 돌고래 싣고
    파란 섬으로 떠나요

    다시 돌아올 수 있을까
    마음 궁금합니다

    혹여
    우리 흔적 하나 남길 수 있다면
    모래톱 드나드는 파도가
    섬 소식 전해줄까요?

— 「배 떠나는 사연」 전문

이 작품은 낭만적 색채가 농후한 시이다. 먼저 시를 이끌어가는 힘은 「버스 타고 싶다」와 마찬가지로 '떠남'의 미학에 놓여 있다. 「버스 타고 싶다」가 지상에서 펼쳐지는 움직임이라면, 「마음 싣고 배 떠나요」는 바다에서 펼쳐지는 행위라는 차이점이 있다. 뿐만 아니라 떠남의 상상력이 미지의 공간에 대한 그리움이라는 낭만적 정서와 결합되면서 몽환적 아우라에 이르고 있는 것이 이 작품의 특색이기도 하다.

낭만적 상상력은 추체험이 그 배경에 깔릴 때, 더욱 그 진폭이 울리게 된다. 시인도 이런 원리를 충분히 이해한 것처럼 보인다. "작은 쪽배에 돌고래 한 마리 싣고"라는 초월적 상상력도 그러하거니와 '파란 섬'이라는 미지의 공간도 이런 의미를 내포하는 까닭이다. 뿐만 아니라 이 낭만성이 극대화되는 지점은 아마도 현실과의 고리를 단절시키는 불귀의 상상력에서 온다. '파란 섬'으로 떠난 자아는 다시 되돌아오지 못하는 상황을 전제한다. "모래톱 드나드는 파도가/섬 소식 전해줄까요?"라는 담론이 이를 증거한다. 여기에 이르게 되면, 인간적인 요인들, 현실적인 고리들은 완전히 상실하게 된다. 지금 이곳의 현실과 연결되지 못하는 공간이 미지의 것, 곧 신비의 정황으로 다가오게 되는 것은 자연스러운 일일 것이다. 몽환적이고 신비로운 공간이 낭만적 상상력이 기대고 있는 절대 지대임을 감안하면, 이 시는 그러한 함의를 충분히 담아내고 있는 작품이라고 할 수 있다.

시인은 지금 현재 무언가를 늘상 그리워하고 있다. 그래서 그러한 욕망을 실현하기 위해 무언가를 해야했고, 또 어디론가 떠나야 했다. 그러한 시도 동기가 자신의 현존을 정거장으로 가게끔 했고, 미지의 공간으로 상상력의 여행을 떠나도록 만들었다. 그러한 역동성과 낭만적 동기가 시인의 작품을 이끌어가는 가는 주요 거멀못 가운데 하나로 자리한 것이다.

3. 그리움의 구체적 공간

다소 모호했던 그리움들은 시인의 작품에서 서서히 그 실체를 드러내게 되는데, 시인의 주변에서 맴돌던 것들에 대한 애틋한 정서들이 그 중심 시상으로 자리하게 된다. 그러니까 정거장 주변에서 맴돌던 발걸음들, 혹은 '파란섬'에 가고자 했던 욕망의 그림자들이 서서히 드러나게 드러나는데, 그 구체적인 형상들은 대부분 시인의 삶과 밀접하게 얽혀있던 것들이다. 가령, 시인의 가족이나 반려동물, 혹은 고향 등등의 모습이 그러하다.

이 가운데 대부분을 차지하고 있는 것이 부모님에 대한 그리움의 정서들이다. 이런 감각은 누구나 가질 수 있는 정서라는 점에서 보편적인 것이지만, 시인에게는 이것이 보다 특별하게 다가오는 것처럼 보인다. 아마도 이는 그리움의 표상을 직접적, 무매개적으로 드러내는 것이 아니라 추억을 동반시키는 매개에 의해 전달된다는 점과 관련된다는 사실 때문일 것이다. 「봉숭아꽃, 손톱」이 대표적인 경우이다. 시인은 어릴적 고향에서 얻은 기억, 거기에 묻혀있는 아버지와의 기억을 환기한다. 그러한 환기가 그리움임은 자명할 터이다. 그런데 이런 정서는 어머니에게까지 확산되면서 서정의 큰 폭이 그려진다.

> 어머니 내음
> 댓돌에 올라서면
> 아슴히 눈물 나고나
>
> 아침 호수 안개 피어나듯
> 라일락 꽃향기
>
> 가지가지 꽃가지에
> 어머니 조롱조롱
>
>   - 「라일락꽃 피는 뜰」 전문

  이 작품은 제목이 서술형으로 되어 있고, 또 그 자체로 완결된 통사적 구조를 갖고 있는 시이다. 전소빈 시의 특색이라 할 수 있는 형식적, 내용적 요건들이 모두 갖추어진 시라는 점에서 의미가 있다. 뿐만 아니라 제목과 내용 사이의 간접적 친연성이 독자의 상상력을 넉넉하게 유인하는 시이기도 하다.
  이런 작시법을 통해서 시인은 독자들을 상상력의 바다로 끌어들인다. 그 바다 한가운데 우뚝 서있는 상징 지표 가운데 하나가 어머니의 이미저리이다. 「봉숭아꽃, 손톱」이 아버지를 이미지화한 시라면, 「라일락꽃 피는 뜰」은 어머니를 그 대상으로 하고 있는 시이다. 시인에게 남겨진 어머니에 대한 그리움은 매우 감각적인 것이어서 이 작품 역시 독자의 정서 속에 빠르게 녹아들어

온다. 어머니에의 향수가 관념적 선언이나 서정적 자아의 직접적인 목소리에 실려있는 것이 아니기에 그 삼투하는 속도란 매우 직접적이고 자극적이며 빠르다. 그래서 실감이 있고, 정서적 감응력이 깊고 크게 울려퍼진다.

  시인이 기억하는, 혹은 연상하는 어머니의 모습은 그녀가 살았던 삶의 현장과 밀접하게 결부되어 나타난다. 어쩌면 느슨하고 헐렁한 연결이 아니라 하나의 동일체를 형성하면서 감각적으로 포회되어 있다는 것이 보다 정확한 표현인지 모르겠다. 이런 감각을 대표하는 것이 냄새라는 일차적 이미저리이다. 뿐만 아니라 시각 이미지도 후각적 이미지 못지 않게 시의 음역을 만들어내는 데 중요한 의장으로 참여한다. 감각이란 일차적인 것이면서 동일성을 제시해주는데 있어 아주 중요한 수단으로 작용하는 것이 대부분이다. 이런 기능은 이 작품에서도 예외가 아니다. 후각적 동일성이야말로 나와 타자를 하나의 공유 지대로 묶어내는 주요 근거가 되기 때문이다.

      열 손가락 깨물어 보아라
      잎 푸른 오동나무처럼 잘 자라준
      나무둥걸, 오동꽃이 참 예뻤지
      귀갓길 발자국 기다리는 촛불 같던
      자슥들아,

      긴 청바지 빨지 않아도
      아침 와이셔츠 다리미질하지 않아도 좋은 날

몸 안의 자슥 떠나보내던 날
남 몰래 눈물짓던 어미 마음을

너희 자식들 키워 보아라
금쪽이 열손가락들아
내 아픈 눈물들아

- 「상처, 열손가락」 전문

 시인이 추구했던 그리움의 감각은 보다 확대되어 나타나는데, 이제 부모를 넘어 자식에까지 넓혀진다. 인용시는 그러한 확산의 정서를 잘 보여주고 있는 작품이다. 부모와 자식의 관계는 일차적으로 내리 사랑이라고 했거니와 밑으로 가는 사랑은 있어도, 위로 올라오는 사랑은 그만큼 못하리라는 뜻이 담겨 있다. 이런 맥락에서 이 시는 마치 소월의 「부모」라는 시와 자연스럽게 연결된다. 「부모」의 서정적 주체는 "내가 부모되어서 알아보리라"고 했으니, 이 작품의 마지막 부분의 "네 자식들 키워 보아라"라는 부분이 「부모」의 음역과 곧바로 닿아 있는 까닭이다. 역지사지의 입장이 되지 않고는 타자의 사유에 결코 이를 수 없다는 것이 소월의 「부모」나 「성처, 열손가락」이 일러준 시적 주제 혹은 교훈일 것이다.
 하지만 소월의 「부모」와 「상처, 열손가락」은 닮아 있음에도 다른 점 또한 분명히 드러난다. 무엇보다 「부모」가 자식의 입장에서 서정화되었다면, 「상처, 열손가락」은 부모의 입장에서 서정의 결이 형성되었다는 점이다. 그런 면에서 이 작품은 위계질서에서

오는 교훈의 맥락으로부터 자유롭지 않은 측면이 있다. 하지만 교훈의 영역에 갇혀 있다고 해서 서정의 품격이 손상되는 것은 아니다. 그러한 한계를 초월하게 해주는 것이 일차적 이미저리의 효과 내지는 힘일 것이다. 그 힘이 구현되는 장은 통증의 감각에서 찾아진다. 시인은 이를 상처라는 말로 승화시켰는데, 여기서의 상처란 트라우마나 콤플렉스의 영역에 갇혀있는 것이 아니다. 그것은 사랑을 확인하는 방향으로 외화되어 있는 까닭이다.

부처님 앞에서는
인간의 넋만이 아니라
짐승의 넋도 빌 수 있다기에
법당 앞에서 엎드립니다

말 못하는 짐승들 불쌍하여
가슴에 맺혀서, 쫓기지 말고
넋이라도 편안하게 잡 먹고 잠들라고

법고 치며 고깔모 쓰고 승무라도 춰주면
쫓기는 것들 위로가 될까요

갈색 둥그런 눈들이 가시로 남아서
늘 시선은 너희들 자리에

미련한 중생들 때문에

부처님도 늘 마음이 아프셨겠지요

부처가 산중에만 있는 것이 아니라
인간 세계 가슴에 있다는 것을
알고 있습니다

-「명부전」 전문

 시인의 사랑은 가족 범위 내에서 그치지 않고, 더욱 큰 물결을 일으키며 퍼져나가는데, 그 한 자락을 보여주는 시가 「명부전」이다. 사랑은 이처럼 시인에게 전일적인 것이었다. 이 작품은 제목이 개념적으로 제시되어 있어서 시인의 작품들이 갖고 있는 특징적 단면들과 거리를 두고 있는 듯한 느낌을 받는다. 하지만 작품의 내용을 들여다보게 되면, 시의 내용이 제목을 단순히 설명하고 있는 것이 아님을 알게 된다. 말하자면, 일관되게 자신만의 시적 의장을 고집하고 있는 시임을 알게 된다.

 이 작품은 시인의 사랑이 가족주의적인 것에 갇혀 있지 않음을 보여주는 대표적인 사례 가운데 하나이다. 시의 소재인 동물들은 시인 자신이 기르던 반려견이나 반려묘일 수도 있고, 그렇지 않을 수도 있다. 하지만 여기서 중요한 것은 기도의 대상이 되는 동물의 소속 주체가 누구에게 있냐는 것이 아니라 시인이 펼쳐보이는 사랑의 넓이와 깊이에 있다고 할 수 있을 것이다. 그의 사랑이란 가족만이 아니라 동물에까지 이르렀다는 것, 이야말로 시인이 갖고 있던 사랑의 폭과 깊이가 어떤 것임을 말해주는 주요 근거가 될 수 있다는 점에서 의미가 있는 작품이다.

4. 내성과 실천의 길

대상을 껴안고 이를 사랑의 정서로 어루만질 수 있는 것은 어느 한순간 자의식의 결단으로 이루어지는 것이 아니다. 이에 이르기 위해서는 자기를 향한 겸손의 감각과 윤리라는 채찍질이 지속적으로 있어야 가능하기 때문이다. 누구를 그리워한다거나 사랑한다는 것은 끊임없는 윤리적 실천이 있은 후에야 가능한 정서이다. 시인이 이번 시집에서 통렬한 자기 반성과 이를 통한 윤리적 실천으로 자신의 시선을 돌리는 것은 이와 무관한 것이 아니다. 그런 면에서 「소매 끝 빗방울이」가 전달하는 의미의 파장은 매우 큰 것이라 할 수 있다.

  겨울이 오고서야

  마음 열고 닫는 창문 하나

  매달아 놓았습니다

  진즉에 그랬더라면

  바깥 세상 더 따뜻했을 텐데
  미안합니다
  나여!

  　　　　　　　　　－「소매 끝동 빗방울이」 전문

이 작품은 시인의 다른 작품들과 다른 특징적 단면을 보여준다. 그의 시의 한 특성이었던 감각이라든가 경험의 장이 많이 축소되어 있는 까닭이다. 그만큼 추체험을 통해서 자신의 관념을 표나게 드러내고 있는 것이 이 작품의 특장이다. 하지만 이를 두고 서정의 한계라든가 일탈의 장으로만 볼 수 없을 터인데, 이를 벌충하는 것이 바로 내성이라는 윤리적 감각이다.

흔히 내성이란 자신의 현존을 진단하는 윤리나 도덕의 영역에 속한다. 지금까지 시인의 현존은 어떤 것이었던가를 끊임없이 묻는 형식이었다. 그 결과 사회가 요구하는, 아니 자신이 윤리가 요구하는 수준에 미흡했다는 판단이 내려졌다. 그 기준이 되는 담론이 인용시에서 보이는 '진즉에'라는 단어이다. 이 각성의 담론을 기준으로 해서 자아의 현존은 크게 구분된다. 그 이전의 윤리와 그 이후의 윤리가 그러한데, 물론 서정적 자아가 희망하는, 혹은 완결하고픈 감각은 후자였을 것이다. 이 길로 자신의 도정을 삼았다면, "바깥 세상 더 따뜻했을 텐데"라고 고백하기 때문이다. 이 고백이야말로 내성의 정점이며, 이를 계기로 서정적 자아는 이전과 다른 존재론적 변신을 시도하게 된다. 그것이 스스로를 낮추는 것, 자기를 더 이상 드러내지 않는 것에 대한 인식이다.

> 마음 초라하여
> 수척해 갑니다
> 살얼음 깔려가는 새벽길
> 마음은 이미 거리를 걷고 있습니다

한 잔의 녹차 같은 따뜻한 사람을 찾아서
등불 켜는 무렵
뭇 별들이 벌판에 내려앉는 밤이면
전화기 손에 들고
낮에 못다한 말씀드립니다

고맙습니다
사랑합니다
미안합니다

― 「등불 켜는 무렵」 전문

이 작품을 지배하는 것은 일차적 이미저리이다. '노오란 마음', 그리고 밤이 주는 색깔과 어두운 이미지, 곧 색채 이미저리인 것이다. 시의 문맥을 들여다보면 '노오란' 마음은 마음이 편편치 못한 상태일 터인데, 아마도 정신에 의해 지배되는 육신이 이 때문에 수척해지는 것이 아닌가. 시인의 마음가짐이 그러한 상태에 이르게 된 것은 자신에게 그 원인이 있는 것처럼 보인다. 그래야만 내성이라는 감각이 형성되는 것인데, 이를 벌충해서 이해의 장으로 이끌어들이는 것이 밤의 이미저리일 것이다. 밤은 모든 것을 어둠으로 가린다. 보이지 않는 상태에서 남아 있는 것이란 오직 자신뿐이다. 이렇게 혼자 있을 때 흔히 형성되는 자의식이 바로 내성의 감각이다. 내성의 한 수단이라 할 수 있는 일기 등이 밤에 쓰여지는 것은 이 때문이리라. 이런 불가역적인 힘이 있기에 시인 또한 이 보이지 상황 속에서 자신을 뒤돌아보는 유혹에 빠져 들게 된다. '전화기를 손에 드는 것'이 그 하나의 상징적 표현이다. 서정적 자아가 전화기를 손에 든 것은 다음과 같은 말을 하고 싶었기 때문이다. "고맙습니다, 사랑합니다, 미안합니다"라고 말이다. 이 담론들이 가자고 있는 특색은 나를 내세우지 않는 것, 그리하여 스스로를 무화시켜 타자의 존재만을 전적으로 인정하는 것이다. 그것이 미안함의 정서 아니겠는가.

여기에 이르게 되면, 서정적 자아는 더 이상 자기를 내세우거나 타자 앞에 서 있지 않게 된다. 대립이란 마주 서 있는 자아의 힘이나 의식에 의해 이루어지는 것임을 감안할 때, 자아의 이런 저자세는 내성의 한 자락에 도달한 것이라고 할 수 있다. 스스로의 정체성을 곧추 내세우지 않고, 타자의 그것만을 여과없이 수용하고자 하는 의지, 그것이 내성이라는 윤리, 수양이라는 도의 형식일 것이다.

5. 확산된 사랑

스스로를 뒤돌아보는 내성이 자아를 한 단계 성숙시키는 것은 당연한 일일 것이다. 그러한 성숙이란 존재론적 한계를 짊어지고 사는 인간에게 있어 거의 숙명과도 같은 것이다. 이러한 경계를 넘지 못하게 되면, 서정적 동일성을 향한 도정은 머나먼 길이 된다. 그러한 거리를 무화시키고 자아와 세계 사이의 아름다운 동일성을 이루려는 것, 그리하여 존재의 불구성을 초월하려고 하는 것이 인간의 영원한 꿈일 것이다.

그러한 꿈으로 나아가고자 하는 시인의 열망이 표출된 것이 바로 내성이라는 도정이었거니와 시인은 그러한 여정 속에서 자기를 낮추고, 타자와 하나되는 길이 무엇인가를 이해한 바 있다. 이제 시인에게 남은 것은 그러한 내성을 딛고 새로운 단계로 나아가는 일이다. 이를 두고 실천이라고 할 수 있거니와 이제 시인의 시선은 적극적으로 자신 아닌 타자를 의식하게 된다. 어쩌면 의식이 아니라 그들에게 주어진 삶의 조건이랄까 실존에 대한 관심의 표명으로 전진해갔다는 것이 옳은 말일 것이다.

    감춰둔 마음 그릇에
    밥 한 사발 퍼담아 들고 거리를 나섰네

    늦가을 홍시 내음 이산 저산
    산까치 씨만 남기고
    들국화 한들거리네

    한 줌 푸른 파도 이랑이랑
    파랑치는
    생선 비늘 한 동이 퍼 담는 포구
    까치 한 마리
    어린 물새에게 이삭을 나른다

    무게보다 나눔이
    꽃 피는 시절

씨앗 무는 어미 까치
눈여겨본다
무게보다 나눔이

― 「나눔과 무게」 전문

  이 작품은 나눔과 무게가 갖고 있는 의미를 아주 재미있게 풀어낸 시이다. 여기서 무게란 일종의 욕망이며, 그것의 실현이 구체화될 때 비로소 물질이나 재화가 될 것이다. 그러니까 무게가 많아질수록 욕망의 샘은 깊은 것이 되고, 이에 바탕을 두고 있는 재화의 무게는 갈수록 중량이 늘어나게 된다. 시인이 지금까지 펼쳐보인 사유의 실타래를 따라가게 되면 이 무게란 가벼워져야 한다. 그래야만 시인이 지금껏 모색했던 내성이 실현될 수 있는 장이 마련될 수 있는 까닭이다.

  시인을 억누르는, 내성의 실천을 방해하는 무게를 줄이기 위해서 서정적 자아가 무엇보다 먼저 해야할 일은 실천이다. 그래서 그 첫 단계로 서정적 자아는 "감춰둔 마음의 그릇에/밥 한 그릇 퍼담아 들고 거리를 나서게" 된다. 그가 거리로 나서는 이유는 지극히 간단하다. 무게를 분산시키기 위함이고, 그럼으로써 자신이 지금껏 추구해왔던 그리운 것들에 대한 탐색, 곧 사랑의 실천을 위해서였다.

  무게가 한 곳에 쏠리면 균형이 무너지고 파괴된다. 그러한 불균형을 막는 것, 그리하여 타자와의 온전한 사랑이 실천되기 위해서는 무게란 골고루 분산되어야 한다. 그럴 경우 비로소 인간

사회는 "꽃 피는 시절"이 도래한다는 것이 이 시에서 의도한 주제 의식일 것이다. 이 작품은 인문학적 사유 속에 있는 서정의 영역을 질량의 법칙이 작용하는 자연과학적 상상력으로 풀어냈다는 점에서 매우 독특한 유형의 작시법이라 할 수 있다. 그의 시들의 시사적 의의란 아마도 이런 부분에서 찾아져야 할 것이다.

  전소빈 시인은 자신의 작품 세계에서 자연을 전략적 소재의 하나로 사유하고 있음에도 불구하고 이를 적극적으로 작품화하지는 않았다. 그의 주된 시적 주제는 그리움과 사랑의 정서인 까닭이다. 하지만 그리움 등의 정서가 서정의 동일성을 향한 주요 목표이자 수단이 될 수 있다면, 자연이 주는 이법이랄까 순리와 같은 형이상의 의미들 또한 결코 소홀히 다룰 수 있는 소재는 아닐 것이다. 이는 다음과 같은 시에서도 그 일단을 확인할 수 있다는 점에서 의미가 있는 경우이다.

    향긋한 먹물
    촛불이듯

    산붓 한 자루
    휘갈겨
    한 폭의 수묵화 그리고 싶다

    설봉 뒷그림자에 어리는
    희미한 달빛

> 흰 깃치는 백학
> 훨훨
> 눈산에 안기는
>
> 누추한 인간의 발자국
> 허락하지 마소서
>
>   -「네팔, 그곳에는」전문

　이 작품은 자연과 인간을 엄격히 분리시키고 있는데, 이런 면에서 시인은 근대의 이원론적 사고를 부정하는 듯한 포오즈를 취한다. 하지만 자연과 인간을 분리시킨다고 해서 시인이 인간적인 삶과 문명에 대해 긍정하고 있는 것은 아니다. 어쩌면 자연을 순수의 절정이라고 판단하고 있다면, 그러한 자연을 부정한 근대의 이원론적 사고를 초월하고자 하는 의지의 표현 또한 읽어낼 수 있다고 보아야 한다. 그러한 감각을 표현한 것이「외톨이 풀꽃」이고, 자연은 "나를 가르치는 스승"이라는 사유가 가능할 수 있기 때문이다.
　전소빈의 시는 독특한 형식으로 구성된다. 제목이 서술적이거니와 이를 풀어내는 내용 또한 제목과 직접적으로 연결되지 않는 까닭이다. 어쩌면 그러한 공백이 독자로하여금 상상력의 지대를 넓히게 하는 계기를 마련해주는 장치가 되게 한다. 시인의 작품을 읽어가게 되면, 자연히 확장되는 상상력의 폭과 깊이를 경험하게 되는 것도 이 때문일 것이다. 시인은 자신에게, 혹은 독자에게 솟구쳐오르는 상상력의 넓이에 서정적 동일성이라고 하는 것들을 꽉꽉 채우려 한다. 그리움, 사랑, 자연의 이법과 같은, 욕망으로 점철된 인간의 무게를 줄여나가는 사유들이 그것이다. 그러한 사유가 독자 자신의 몫이 될 때, 그의 시들은 교훈이라는 덕목을 독자에게 던져준다. 그렇다고 그의 시들이 공리적 측면이 강한 것이라고는 볼 수 없다. 다만 자아와 세계 사이에 놓인 간극을 좁히는 카타르시스라는 커튼을 강력하게 펼치고 있을 뿐이다. 그 커튼 위에서 근원적으로 가질 수밖에 없는 존재론적 한계들에 대해서 초월하게끔 해주는 것이 시인이 추구하는 서정적 동일성일 것이다.

시인 전소빈

광주사범학교 졸업
초등학교 교사 역임

2010년 시집 『꿈 사러 갑니다』로 작품 활동 시작
시집 『탱자꽃 하얗게 바람에 날리고』 『비가 바람을 말한다』
『토닥토닥』 외
에세이집 『뒤돌아 보니 내가 거기 있었네』

감이 익어가는 시간

지은이 | 전소빈
펴낸이 | 안제인리
펴낸곳 | 동행 출판사
1판1쇄 | 2024년 12월 20일
등록번호 | 제2022-000020호
주소 | 서울시 종로구 혜화로 3길 5, 301-410
전화 | 02-744-7480
FAX | 02-744-7480
전자우편 | dhaeng33@naver.com

값 12,000원
ISBN 979-11-984311-5-8 (03810)

* 이 책의 판권은 지은이와 동행 출판사에 있습니다. 양측의 서면 동의 없는 무단 전제 및 복제를 금합니다.